# NOTIONS DE POLITESSE ET DE SAVOIR-VIVRE

RECUEILLIES PAR UN GRAND-PÈRE

POUR SES PETITS-ENFANTS

PARIS

LIBRAIRIE BLOUD ET BARRAL

4, RUE DE MADAME, ET RUE D[illegible]NNES, 59

# BIBLIOTHÈQUE DU DIMANCHE

VOLUMES IN-18 JÉSUS A 3 FR.

## OUVRAGES PARUS

**Les Coiffes de sainte Catherine**, par RAOUL DE NAVERY........................... 1 vol.

**Les Dupes**, par le même............. 1 vol.

**La Veuve du Garde**, par RAOUL DE NAVERY. 1 vol.

**Un Roman dans une Cave**, par CLAIRE DE CHANDENEUX........................ 1 vol.

**L'Héritier des Montveil**, par MARIE GUERRIER DE HAUPT, lauréat de l'Académie..... 1 vol.

**Le Récit de Catherine**, par CÉLANIE CARISSAN: 1 vol.

**La Dette de Zeéna**, par S. BLANDY.... 1 vol.

**Les Chemins de la Vie**, par M. MARYAN. 1 vol.

**La Cassette du baron du Faouédic**, par CAMILLE D'ARVOR................... 1 vol.

**Lucie**, par GABRIELLE D'ARVOR......... 1 vol.

**Roseline**, par A. FRANCK............. 1 vol.

**Histoire d'une Fermière. — Faustine**, par Mme BOURDON, auteur de la VIE RÉELLE 1 vol.

Bar-le-Duc. — Typ L. PHILIPONA et Cie. — 125.

# NOTIONS

# DE POLITESSE ET DE SAVOIR-VIVRE

CITEAUX (*Côte-d'Or*). IMPRIMERIE ET LIBRAIRIE

# NOTIONS DE POLITESSE ET DE SAVOIR-VIVRE

RECUEILLIES PAR UN GRAND-PÈRE

J. B. C.

POUR SES PETITS-ENFANTS

PARIS
LIBRAIRIE BLOUD ET BARRAL
4, RUE DE MADAME ET RUE DE RENNES, 59

NOTIONS

# DE POLITESSE

## ET DE SAVOIR-VIVRE

---

### BIENSÉANCES. — USAGES.

Un auteur comtemporain définit la politesse ainsi qu'il suit : C'est la pratique de tous les égards, soit en actions, soit en paroles, que les hommes doivent à leurs semblables dans la société. Elle consiste donc à ne rien dire, à ne rien faire, dans le monde, qui puisse désobliger les personnes qu'on y rencontre, mais elle doit, suivant un autre auteur (Delille), se compléter par le soin de dire et de faire tout ce qui peut plaire aux autres. Aussi, suivant nous, la véritable politesse a sa principale source dans la bienveillance, dans la bonté du cœur. Il y a quelquefois plus de vraie politesse dans un homme inculte, étranger à toutes les formules du savoir-vivre, mais indulgent et charitable, obligeant, prévenant par nature, que dans un homme du monde sec, froid, égoïste, qui, sous les dehors de la civilité la plus formaliste, ne cache qu'à peine son impertinence, sa dureté et sa méprisante indifférence. On dira que ces observations seraient mieux placées dans un traité de morale que dans des notions sur la politesse. Soit, mais nous ne regretterons pas notre hors-d'œuvre s'il est agréé par le grand nombre de nos lecteurs, et s'il profite à quelques-uns.

## TOILETTE. — PROPRETÉ.

Parmi les principaux devoirs d'un homme bien élevé, celui de la propreté tient le premier rang. Une tenue convenable, propre surtout, aussi éloignée de la recherche et de l'affectation que de la négligence voisine de la malpropreté, dénote le sentiment de la bienséance et du bon goût.

On se respecte au physique par les soins qu'on donne au corps, comme on se respecte au moral en restant pur de toute bassesse. Les soins matériels sont la sauvegarde de la santé et de la dignité personnelle, de même que le culte des bons instincts, fruits de l'aversion et du dégoût qu'inspirent le vice et les choses honteuses, donne du ressort à l'âme, l'ennoblit et la purifie.

## ABLUTIONS. — SOINS MATÉRIELS. — BAINS.

On ne doit jamais se dispenser de consacrer les premiers moments qui suivent le lever à se laver, à se peigner, à nettoyer, sans y employer beaucoup de temps, les diverses parties du corps, particulièrement les dents, les oreilles, les ongles. L'habitude en est prise facilement et cette habitude devient un plaisir. Que faut-il pour remplir ce devoir ? De l'eau fraîche en abondance et un peu de savon.

Dans les sociétés primitives, en Orient

particulièrement, l'usage des ablutions et des bains était prescrit par la loi civile et même par la loi religieuse. Dans les contrées du Nord, les bains froids ont, peut-être dans certains cas, des vertus fortifiantes ; mais n'ont-ils pas aussi des inconvénients pour certains tempéraments, trop faibles pour résister à ce régime héroïque? La fréquence des maladies de poitrine, en Angleterre, ne provient-elle pas de l'éducation physique des enfants en bas âge? Quoi qu'il en soit, il est certain que l'usage rationnel des bains chauds ou tempérés ne peut être que salutaire à tous les points de vue.

## PARFUMS. — AROMATES.

Il faut user, avec une extrême sobriété, des parfums, des essences, des aromates, parce que, d'abord, cet usage n'est pas toujours sain, et puis qu'il peut incommoder dans le monde les personnes impressionnables. Montaigne a dit avec raison que pour sentir bon il faut ne rien sentir.

## VÊTEMENTS.

Les vêtements des hommes ne doivent se distinguer que par la simplicité. Les couleurs sombres sont les couleurs de bon goût pour les vêtements des personnes d'âge mûr, lesquels doivent être amples et non étriqués, de manière à se prêter aisément à tous les mouvements, à tous les exercices du corps.

Les jeunes gens peuvent se permettre les couleurs claires, voyantes, les vêtements collants, écourtés *sans exagération*.

Il faut être circonspect dans l'adoption

des modes nouvelles, et rejeter celles dont l'excentricité et la bizarrerie froissent le sentiment de l'harmonie et du bon goût.

Il est plus difficile de donner ou plutôt de faire accepter des conseils pour une chose aussi mobile, aussi arbitraire, aussi fantaisiste que la toilette des dames. Soyons donc sur nos gardes et souvenons-nous de ce pauvre M. Dupin et du concert de malédictions qui accueillit ses observations concernant le luxe effréné des femmes.

Cependant l'adoption des modes nouvelles, quel que soit le désir des intéressées de ne pas rester en arrière de leurs compagnes... de leurs rivales, doit être rigoureusement subordonnée aux règles de la modestie, de la décence, de la bienséance. La tenue des femmes bien élevées, de bon ton, de bon goût, de position et de sentiments honorables, les préservera toujours d'être confondues avec les héroïnes à toilette tapageuse.

On a dit avec raison que la simplicité était la coquetterie de bon goût. Elle n'exclut ni la richesse, ni l'élégance, ni surtout la distinction.

Pour les hommes, l'habit ou la redingote et le pantalon noirs, le gilet noir, ou mieux le gilet blanc, la cravate blanche, un chapeau noir, des bottes ou des bottines fines, des gants très propres, sinon neufs, sont de rigueur pour une première visite, pour un grand repas, pour un bal. Peu de bijoux pour les hommes : une montre sans lourde chaîne et sans clinquant, une épingle à la cravate, s'il y a lieu; point de bague, sauf l'anneau de mariage; point de chevalière à diamant ou à cachet.

La toilette des dames, au contraire, comporte l'usage de certains bijoux simples et unis : une montre, un bracelet, des boucles d'oreilles, une agrafe; peu de bagues, surtout pour les jeunes filles.

Au surplus, quelle que soit la toilette d'un homme ou d'une femme, elle doit être ce qu'on appelle bien portée, avec élégance, avec aisance, avec grâce, sans raideur ni affectation.

En résumé, la bonne tenue d'une personne, les soins à observer dans son costume, toutes les bienséances, ne sont pas sans influer sur l'opinion du public. L'estime, la considération et même le respect sont, pour les femmes surtout, la juste récompense de l'observation des règles qui précèdent.

## HABITATION. — INTÉRIEUR. — FAMILLE.

Pour celui qui aime la vie intérieure, c'est-à-dire la vie régulière, la vie paisible, saine, sage, le choix du logement n'est pas une chose indifférente. Il convient de concilier, autant que possible, l'hygiène et l'économie, si la condition d'économie est de rigueur.

Les appartements les plus sains sont ceux où pénètrent le plus facilement l'air et le soleil qui les préservent de l'humidité, où sont maintenus assidûment l'ordre et une propreté minutieuse, sans encombrement de meubles inutiles, réceptacles inabordables d'insectes malfaisants, de parasites incommodes, dont l'entassement et la disposition du mobilier assurent la multiplication et ne permettent pas la destruction.

Il convient de conjurer le danger, sans se priver néanmoins des meubles réellement utiles, et sans exclure les objets dont la vue est un des éléments de notre bien-être intérieur, que complètent d'ailleurs les soins domestiques de la mère de famille et de ses filles, les études des fils sous les yeux et sous la direction du père, et, pour couronner des journées si bien remplies, une prière faite en commun au moment du repos.

Que n'est-il permis de dire que telles sont les conditions d'existence de la plupart de maisons! Mais si malheureusement ce ne sont pas celles du plus grand nombre, faisons des vœux pour que ces habitudes d'ordre, de concorde, d'harmonie, de simplicité et de travail s'introduisent dans toutes les familles, et préparent à la patrie des générations plus saines, plus sérieuses, plus disciplinées, plus fortes au physique et au moral que celles qu'ont si profondément troublées et dévoyées nos interminables dissensions politiques.

## PARENTS.

C'est à nos parents, nos pères, mères, grands-pères, grand'mères, ou ceux qui les remplacent, que notre respect et notre affection sont particulièrement dus.

Rien ne peut nous affranchir de ces saintes obligations, et plus augmentent pour nos parents les chagrins et les infirmités de la vieillesse, plus nous devons montrer d'empressement, d'aménité, et même de gaîté sans familiarité blessante, pour alléger les charges et les incommodités de leur âge par nos complaisances, notre déférence et nos soins pieux, par les félicitations et les présents offerts à l'occasion de leur fête ou du jour de l'an.

Les petites fêtes d'intérieur sont des occasions de réunion où se resserrent les liens de la famille, et se retrempent les sentiments réciproques de tous ses membres.

Après les obligations à remplir envers les grands parents, et qui s'étendent aux oncles et aux tantes, viennent les devoirs réciproques des frères et des sœurs, des cousins et cousines, lesquels consistent dans un échange incessant d'égards, de politesses et de bons offices, source intarissable de douceurs dans la prospérité, de consolations, de secours et d'appui dans le malheur.

## AMIS.

Si les parents sont nos premiers amis, on peut dire aussi qu'un véritable ami vaut mieux qu'un parent malveillant ou simplement indifférent; mais combien doit-on apporter de circonspection, de prudence et de réserve dans le choix de ceux à qui nous accordons le titre d'ami !

Plus les vrais amis sont rares, plus ils sont précieux, et plus nous leur devons d'affection, d'obligeance et de dévouement à toute épreuve.

L'amitié des femmes est plus vigilante, plus active, plus dévouée et non moins durable que celle des hommes. Je parle de l'amitié des femmes pour les hommes. Je ne dirai rien de l'amitié des femmes entre elles. C'est un sujet scabreux que les femmes seules peuvent traiter... et encore !...

Parmi les personnes qui doivent être principalement l'objet de nos respects, de nos égards, de notre perpétuelle déférence, nous citerons les souverains, les princes et les princesses, les chefs d'État, les membres du clergé, les magistrats, les personnes qu'un mérite éminent désigne à la considération et à l'estime de leurs concitoyens, ceux que le gouvernement a revêtus de fonctions éminentes, nos instituteurs et nos institutrices; mais ces égards, cette politesse que nous devons à tous doivent être mesurés, modifiés, nuancés avec discernement, suivant le degré où chacun se trouve placé, le caractère ou la fonction dont il est revêtu, le mérite qui le distingue, et suivant aussi l'occasion et le motif de nos relations et de nos rencontres. C'est une affaire de tact et de jugement. Ainsi ne prolongeons pas les salutations envers les personnes dont le temps est précieux et que nous visitons pour affaires; exposons brièvement l'objet de la visite ou de l'audience. D'autre part, les magistrats, les membres du barreau, ceux des corps enseignants doivent veiller attentivement à ce que le sérieux, la gravité de leur tenue et de leurs manières ne dégénère pas, au grand préjudice de la politesse et de l'urbanité, en morgue et en pédantisme, comme on les en accuse quelquefois, non sans raison.

On a souvent reproché aux médecins une trop grande liberté d'allures ou de langage. Il est facile à un médecin bien élevé d'être, dans l'exercice de son utile et délicate profession, explicite sans être grossier. C'est surtout dans le traitement des dames que le médecin doit observer la plus scrupuleuse bienséance.

Les officiers et les soldats sont astreints à un cérémonial qui fait partie du code militaire. En dehors de leur service, leurs devoirs de politesse sont les mêmes que ceux de la société civile.

La politesse des marchands est, outre l'honnêteté et la loyauté, une des conditions du succès de leur commerce; mais, pour être bienvenue, cette politesse doit être sobre, sans affectation, exempte d'obséquiosité. Les courbettes, loin d'ajouter à la confiance des clients, les font se défier de la droiture, de la véracité du marchand et de la qualité d'une marchandise trop offerte et trop vantée.

L'acheteur doit répondre avec politesse aux empressements du vendeur, s'excuser de ne pas acheter, si parmi les objets exposés aucun ne lui convient. Les prix peuvent être discutés, mais sans rudesse, sans ironie, sans dédain et en connaissance de cause. On peut bien ne pas accepter un prix demandé, mais non pas proposer un rabais qui prouve soit l'ignorance de la valeur des objets, soit un doute offensant de l'honnêteté du marchand.

L'obligation de la politesse envers les marchands est plus rigoureuse encore lorsqu'on est leur débiteur. Il est aujourd'hui de très mauvais goût de faire gloire de ses dettes; il est plus honorable et mieux séant de les payer ou plutôt de n'en pas faire, si l'on peut s'en dispenser.

Dans les rencontres accidentelles on dit : Monsieur à un officier ou à un soldat, sans le désigner par le titre de son grade; mais si l'on est à la campagne, par exemple, commensal d'un général, d'un colonel, ou de tout autre officier, on mentionne son grade en lui parlant ou en le désignant.

En ce qui concerne un ecclésiastique rencontré par hasard en voyage, on lui dit : Monsieur; mais s'il est connu, on doit dire, suivant le cas : *Monseigneur* à un évêque et à un prélat, et aux autres ecclésiastiques, suivant leur position : *Monsieur le curé, Monsieur l'abbé;* à un religieux : *mon Frère,* ou *Révérend Père;* à une religieuse : *ma Sœur* ou *Madame,* jamais Mademoiselle.

Les relations entre les maîtres et les domestiques doivent être dignes et douces de la part du maître, empreintes de soumission et d'empressement de la part du serviteur.

Beaumarchais a dit avec raison : « Aux qualités que vous exigez de vos domestiques, connaissez-vous beaucoup de maîtres dignes d'être valets? »

S'il faut éviter une grande familiarité avec les domestiques, il convient aussi de s'abstenir à leur égard de manières hautaines, dédaigneuses, d'un ton et d'un langage blessants.

Le serviteur a, comme le maître, un cœur et une âme, et il ne faut jamais l'oublier.

Au surplus, c'est au maître qu'il appartient de former de bons domestiques, en exigeant d'eux tout ce qu'il a droit d'en obtenir sans les humilier et sans les ravaler, mais en les traitant comme des hommes et non comme de vils esclaves. Il ne faut pas permettre aux enfants de leur donner des ordres, mais bien exiger d'eux qu'ils les transmettent aux serviteurs avec politesse.

Lamartine voudrait — mais est-ce possible, hélas! dans l'état actuel des mœurs et des usages — que les domestiques fussent, comme ils l'étaient jadis, un complément de la famille, « une famille à gages, à la vérité, dit-il, mais payée par un salaire de sentiments, aussi dévouée à la considération, à l'honneur, à l'intérêt, à la prospérité de la maison, que la maison même, que dis-je? souvent bien plus... »

## CONVERSATION.

Les auteurs, en assez grand nombre, particulièrement les moralistes, ont dit leur mot sur les mérites de la conversation. Ses règles sont écrites en bien des livres, mais elles s'apprennent surtout par la fréquentation de la bonne compagnie, et des personnes qui savent causer.

La conversation, a dit Saint-Évremond, est le lien de la société; c'est par elle que s'entretient le commerce de la vie civile, que les esprits se communiquent leurs pensées, que les cœurs expriment leurs mouvements, que les amitiés se commencent et se conservent.

La conversation doit toujours être empreinte de bienveillance et d'aménité. L'*esprit* de la conversation, suivant la Bruyère, consiste bien moins à en montrer beaucoup qu'à en faire trouver aux autres.

« Le grand art de plaire, dans la conversation, est de faire que les autres y soient contents d'eux-mêmes. » (Grégoire.) Aussi convient-il de n'entretenir une personne que de ce dont elle peut parler pertinemment.

J.-J. Rousseau affirmait qu'il ne pouvait parler que lorsqu'il avait quelque chose à dire, et ne comprenait pas les gens toujours prêts à jaser à propos de rien.

Les grands esprits parlent peu, sont

économes de leurs paroles et ne les donnent qu'à propos et après réflexion. Le flux de paroles n'est le fait que des hommes médiocres. Une idée, empruntée à Phocion, a été rimée par je ne sais quel auteur en ces termes :

De l'esprit faut-il qu'on décide
Sur le bruit d'un parleur sans fin?
Ne sait-on pas qu'un tonneau vide
Résonne mieux qu'un tonneau plein?

Le même Phocion appelait les bavards des *larrons du temps.*

Pour rendre la conversation intéressante, il faut la soumettre aux règles de la bienveillance, de la discrétion, de la décence, en exclure les banalités, et ne pas abuser du droit de demander des nouvelles de la santé des personnes présentes ou absentes, ce qu'on ne doit faire qu'en termes avoués par le bon goût et les convenances.

On s'abstient, comme d'une familiarité déplacée, de s'informer de la santé d'un grand personnage auprès duquel on est admis, et de celle d'une personne qu'on connaît peu.

Si l'on cite plusieurs personnes, au nombre desquelles on se trouve, on ne se nomme que le dernier. On dit *vous et moi, Monsieur, Madame et moi.*

Il n'appartient qu'à un mal-appris de désigner une personne présente ou absente par : *il, elle, lui,* et surtout de la montrer au doigt. Il convient de désigner cette personne par son nom précédé de : *Monsieur, Madame, Mademoiselle.*

Une femme dit : *Mon mari,* dans l'intimité; dans le monde elle dit : Monsieur... suivi du nom.

Un mari doit toujours dire : *Ma femme,* jamais *mon épouse.*

Une dame ne dit pas : *Quand j'étais fille,* mais bien : Quand j'étais *jeune fille,* ou *avant mon mariage.*

On dit ma fille, non seulement en lui parlant, mais encore en s'entretenant d'elle. — En parlant de leur fille à un père ou à une mère, il faut dire : *Mademoiselle votre fille.* Un intime peut la désigner par son nom précédé de *Mademoiselle.*

L'emploi de la troisième personne, qui est prescrit aux domestiques, est la formule du plus grand respect : *Monsieur me fera-t-il l'honneur de...*

Si l'on ne comprend pas le sens d'une phrase, si l'on est interpellé, il est très inconvenant de répondre : Quoi? Qu'est-ce? L'on dit : Plaît-il? ou bien : Pardon, vous plairait-il de répéter... Excusez-moi de n'avoir pas compris... Soyez assez bon pour m'expliquer ce que vous venez de dire.

On peut s'attacher, dans la conversation, à parler purement et correctement, mais sans s'astreindre pourtant à un langage rigoureusement grammatical. Certaines locutions sont admises dans le monde qui ne seraient pas souffertes dans un livre. Il convient cependant de s'exprimer de manière à faire comprendre ou sentir qu'on ne pèche pas par ignorance.

Les blasphèmes, les imprécations, les jurements, les termes qui blessent la décence n'appartiennent qu'aux conversations de bas étage, et sont bannies de la conversation de toute personne qui se respecte et qui respecte ses interlocuteurs.

Les moindres désirs doivent être exprimés en termes aussi polis que possible. On ne dit pas : *Donnez-moi*, ce qui serait impérieux et presque brutal, mais bien : *Ayez la bonté de me donner*, ou mieux : *Auriez-vous la bonté de me donner...*

Il ne faut pas employer les mots : *Avantage* ou *plaisir*, lorsque celui d'*honneur* est plus convenable, notamment envers des personnes sur lesquelles leur âge, leur mérite ou leur position sociale appellent une considération particulière.

Certains mots doivent être bannis du langage usuel, civil, poli. On ne doit pas dire : *embêter* pour *ennuyer*, *pincer* de la guitare ou de la harpe, *toucher* du piano, pour : *jouer* de la guitare, de la harpe, du piano; la *capitale* pour désigner *Paris*; se *soûler* pour *s'enivrer*; le *carré* pour le *palier*; un *équipage* pour une *voiture*.

Il ne convient qu'à un domestique de dire à un homme, en lui parlant de sa femme, *Madame*, tout court, où *Monsieur* à une femme en lui parlant de son mari. On doit toujours ajouter le nom propre de la personne.

Il est plus poli de dire *Monsieur votre père, Madame votre mère, Madame votre tante, Madame votre sœur*, que de nommer les personnes.

En s'adressant à quelqu'un, il est impoli de joindre le nom de cette personne au mot monsieur ou au mot madame, il faut dire : *oui, monsieur; non, madame*, sans nommer.

Il est impertinent de dire : *Mam'selle*, au lieu de *Mademoiselle*.

Il est de mauvais ton de dire qu'on fait sa cour à une personne qu'on désire épouser.

En parlant, il faut éviter les cacophonies, les liaisons qui sonnent mal à l'oreille, les élisions surtout qui dénaturent certains mots : *C'te* pour *cette, ç'ui-ci* pour *celui-ci, m'sieu* pour *monsieur*.

Les proverbes doivent être cités avec la plus grande discrétion; il en est de même des citations en latin ou en langues étrangères, à moins que le sens ne puisse en être saisi facilement par les auditeurs.

C'est une marque de distinction pour un mort célèbre de supprimer le mot *monsieur* devant son nom.

Quoique l'art de parler de manière à se faire écouter agréablement soit des plus difficiles, car rien n'est insupportable comme un conteur ennuyeux, il est plus difficile encore peut-être de savoir écouter. C'est à cette science qu'on reconnaît l'homme bien élevé. On a souvent à se repentir d'avoir parlé, rarement d'avoir gardé le silence. On a dit : Les paroles sont d'argent, mais le silence est d'or.

Il est malséant de faire des questions à tout propos.

Les opinions doivent être émises avec douceur, sans emportement et sans invective. Il faut parler de soi et des siens le moins possible. Faire soi-même son éloge est de mauvais goût. Attendez qu'on vous loue, mais ne provoquez pas la louange.

Évitez de contredire. Les contradicteurs, ceux qui font de l'opposition en tout et sur tout, sont le fléau de la société. On doit les fuir ou leur opposer le silence.

Il est très impoli, même grossier, d'interrompre une personne qui parle, surtout pour la contredire, même avec toutes les précautions de langage propres à atténuer cette faute, telles que : *Permettez... Souffrez que je ne sois pas de cet avis.*

L'ironie, la satire, doivent être bannies de la conversation, et il ne faut plaisanter qu'avec circonspection, surtout de manière à ne blesser personne, et toujours avec des gens d'esprit et de tact, jamais avec des orgueilleux, des vaniteux, des ignorants ou des sots.

Il faut user des compliments avec beaucoup de modération. Ils devraient toujours être empreints de franchise, et spirituels s'il se peut. L'art de complimenter convenablement est fort difficile, et un complimenteur outré devient facilement fatigant et même désagréable.

Abstenez-vous autant que possible de calembours et de jeux de mots. Une phrase, un mot, qui sont ambigus, doivent être compris dans le sens le plus convenable et le plus décent. Embarrasser ou faire rougir la personne qui a employé ce mot ou prononcé cette phrase n'appartient qu'à un mal appris ou à un grossier personnage.

On se réunit pour se distraire, souvent pour échapper aux préoccupations habituelles de sa profession ou de son emploi. Ainsi, on doit se garder généralement de parler politique à un homme d'État, procès à un avocat, escompte et change à un banquier, malades à un médecin, renç à un agent de change, contrats à un notaire.

Il est grossier de bâiller, de montrer de l'ennui, de regarder à sa montre pendant qu'une personne parle.

On doit se montrer bienveillant et indulgent pour les jeunes gens, mais à la condition qu'ils ne prendront part à la conversation qu'avec modestie, avec réserve et à propos.

Les enfants doivent être généralement

exclus de la conversation, et les parents doivent se défier de leur penchant à faire montre du babil et des talents précoces de ces phénomènes.

Si l'on entre pendant une causerie, il faut, sans interrompre, tâcher de comprendre et de se mettre au courant sans questionner les assistants, même à voix basse.

Le mensonge, la calomnie, la raillerie, les mystifications, les paroles injurieuses, les taquineries, les révélations de secrets, doivent être rigoureusement bannis de la conversation des personnes bien apprises. Les épigrammes, les facéties, les sarcasmes ne sont admis qu'entre personnes qui se connaissent bien.

L'on ne dit plus : Dieu vous bénisse! à une personne qui éternue, on doit même ne pas le remarquer.

Il est malséant de chuchoter; il ne faut ni rire, ni causer en particulier, mais bien de telle sorte que toute la société puisse être au courant de la conversation.

## CORRESPONDANCE.

Le style de la correspondance doit être simple, sans prétention, sans affectation, mais il n'exclut pas l'élégance, et la correction est de rigueur. On ne tolère ni les fautes de français ou d'orthographe, ni les tournures embarrassées, ni les redites, ni la confusion, ni les ratures. Une lettre dans laquelle on reconnaîtrait ces taches doit être impitoyablement condamnée, et ne peut servir que de brouillon pour une nouvelle lettre, après avoir été soigneusement corrigée.

## CÉRÉMONIAL. — FORMULES.

En écrivant à une dame plus jeune que lui, un homme ne peut se servir du terme : *Chère madame,* qui ne doit être employé qu'à l'égard d'une dame du même âge ou plus âgée, et en ajoutant : *et amie.*

Une jeune dame n'écrit jamais : *Cher monsieur.*

Une femme ne doit jamais, en écrivant soit à un homme, soit à une dame, se servir des mots *me faire l'honneur* ou *j'ai l'honneur,* à moins que sa lettre ne s'adresse, sous forme de placet, à un grand personnage, ou bien à un prêtre.

La date d'une lettre doit être écrite au-dessous de la signature.

On doit se servir de beau papier blanc

ou azuré, mais sans autre ornement que le chiffre. Celui des personnes en deuil et leurs enveloppes sont entourées d'un filet noir. Les feuilles doivent être entières, lors même qu'on n'écrit qu'un billet de quelques lignes.

Le papier à tête imprimée n'est employé que dans les ministères et les administrations publiques ou particulières, dans la correspondance commerciale ou celle des agents d'affaires.

Le petit papier n'est pas admis pour une lettre écrite à un supérieur.

Les lettres doivent être placées sous enveloppe. Celles qui sont adressées à des personnes âgées, élevées en rang, et à qui l'on doit du respect, doivent être revêtues d'un cachet formé soit d'armoiries, soit d'initiales, et en cire rouge, qui seule est admise, à moins qu'on ne soit en deuil.

Dans ce dernier cas, la cire noire est employée.

L'affranchissement, qui était autrefois une impolitesse, est maintenant obligatoire. A Paris et ailleurs, il est très convenable d'envoyer par un domestique une lettre écrite à un ami ou à un supérieur.

Les lettres du jour de l'an doivent être écrites assez tôt pour qu'elles parviennent ce jour-là même aux destinataires.

Il est très impoli de s'abstenir de répondre à qui vous écrit, même pour ne dire que des lieux communs, comme de négliger de faire part à ses parents et à ses amis d'un baptême, d'un mariage ou d'un enterrement.

Copier une lettre dans un formulaire est le fait d'un ignorant ou d'un imbécile.

Pour bien écrire, il faut savoir bien parler, mais le véritable style épistolaire consiste à écrire absolument comme l'on parle. L'esprit qu'on déploie dans la conversation se retrouve dans la correspondance. Viser à briller est un mauvais moyen d'y parvenir.

Les meilleures qualités du style épistolaire sont la simplicité, la clarté, la précision, l'absence de toute prétention, le respect pour les supérieurs, les femmes et les vieillards.

On doit écrire, non pas : *votre père, votre mère*, mais bien *monsieur votre père, madame votre mère*, etc.

Il serait malséant de charger une personne digne de respect de compliments, de commissions pour une autre personne.

Les mots : Monseigneur, Monsieur, Madame, Mademoiselle, Altesse, Excellence doivent, soit en tête, soit dans le corps d'une lettre, être écrits en toutes lettres.

En écrivant au pape, on met en tête de sa lettre : *Saint Père* ou *Très saint Père.* Dans le corps de la lettre, le mot « vous » est remplacé par les mots : *Votre Sainteté;* à un roi, une reine, un empereur, une impératrice, on écrit en tête de sa lettre, *Sire*, ou *Madame*; dans le corps de la lettre, au lieu de vous, *Votre Majesté;*

Au frère de l'empereur ou du roi, à un prince de la famille, *Monseigneur*, *Votre altesse impériale* ou *royale;*

A un prince souverain : *Monseigneur*, *Votre altesse.*

Si l'on écrit à un cardinal, on dit : *Monseigneur*, *Votre Éminence;* à un ambassadeur, *Monseigneur*, *Votre Excellence*; à un évêque, *Monseigneur*,

*Votre Grandeur*; à un maréchal, *Monsieur le maréchal, Votre Excellence*; à un général, *Monsieur le général*, ou simplement *Général*.

On termine poliment une lettre aux supérieurs, aux vieillards, aux dames, par ces mots : *Je suis avec respect, monsieur* (ou *madame*), *votre très humble serviteur*; plus poliment : *Je suis avec un profond respect*, etc.; plus poliment encore : *Je suis avec le plus profond respect*, etc.; et s'il s'agit d'un grand personnage, la formule est coupée en deux, ainsi qu'il suit : *J'ai l'honneur d'être, avec un profond respect, Monseigneur, de Votre Excellence, de Votre Eminence, de Votre Altesse, le très humble et très obéissant serviteur.*

L'expression de respect n'est jamais convenablement suppléée par celle de dévouement, d'estime, de considération envers les personnes élevées en rang ou en dignité.

Les lettres des supérieurs aux inférieurs se terminent par une assurance d'estime et de considération plus ou moins distinguées.

Les pétitions, les placets adressés à de grands personnages dont le temps est précieux, et dont on ne doit pas fatiguer l'attention, doivent être rédigés d'une manière concise, en peu de mots.

Si vous chargez une personne de remettre une lettre à une autre, elle doit être donnée ouverte, mais celui qui la reçoit doit la cacheter sous les yeux de l'envoyeur.

Quant aux lettres de recommandation, elles sont également remises non cachetées. Celui qui l'a écrite la lit au recommandé, ou bien celui-ci a le droit de la lire avant de la remettre cachetée au destinaire.

On doit bien se garder de lire une lettre qu'on trouve ouverte, à plus forte raison de violer le secret d'une lettre en la décachetant : ceci est un acte infâme.

Il y a bassesse, indiscrétion, grossièreté à lire par-dessus l'épaule d'une personne qui écrit.

Ne répondez que par le mépris aux injures verbales ou écrites; mais s'il est absolument nécessaire de le faire par écrit, alliez la politesse à la fermeté.

Il serait superflu de faire observer que l'envoi d'une lettre anonyme est une lâcheté.

Abstenez-vous de paraphe en signant. La signature la plus simple est la plus conforme au bon goût.

## AVIS DE NAISSANCE, DE MARIAGE, DE DÉCÈS.

Les lettres de faire part de la naissance d'un enfant, sur papier anglais, sont envoyées par le père et la mère du nouveau-né; les grands parents n'y figurent pas.

Les lettres de faire part de mariage, sur papier anglais également, sont doubles et faites par les ascendants seuls. L'avis des parents de la mariée figure sur la première page, et celui des parents du marié occupe la seconde.

En règle générale, les ascendants n'envoient pas les lettres de faire part de la mort de leurs descendants.

Les cousins, au delà du degré de germain, ne figurent pas dans une lettre de faire part d'un décès.

## SALUTS, SALUTATIONS, USAGES, ÉTIQUETTE.

Il est difficile de préciser les règles du salut, car en cette matière délicate les nuances sont nombreuses.

On doit saluer sans contredit toute personne qu'on connaît, et rendre son salut à tout individu, quelle que soit sa condidion; qui vous donne cette preuve de respect et de déférence.

Un homme du monde, quelles que soient ses dispositions et son opinion, doit le salut au chef de l'État partout où il le rencontre, un salut respectueux et grave, sans servilité, sans curiosité indiscrète. Ce salut se fait en ôtant son chapeau et en l'abaissant jusqu'au genou. Si l'on est dans une voiture ouverte ou découverte. on se lève un peu. Une femme se contente de se soulever un peu sur les coussins.

On salue un supérieur en inclinant légèrement le haut du corps, après avoir levé son chapeau au-dessus de sa tête; vous ajoutez par le regard et par un mouvement des lèvres une nuance plus prononcée de respect, mais toujours d'homme à homme, en regardant franchement et bien en face.

Le salut d'égal à égal est variable. Les circonstances, la nationalité, l'intimité plus ou moins grande doivent le modifier. Ainsi au Français le salut de tout le monde, en ôtant son chapeau; à un Italien un mouvement de la main. Un Allemand est salué avec bonhomie, un Russe avec dignité, un Anglais par un geste de la main étendue, accompagné d'un signe de tête, un sourire amical. Un Anglais n'ôte son chapeau ni au café, ni au restaurant, ni au club, sinon pour saluer les femmes.

Il faut, dans quelque position que l'on se trouve, saluer l'inférieur sans air protecteur et sans attendre qu'il vous salue, l'inférieur n'étant pas toujours apte à saisir les nuances. Le respect pour l'inférieur honore le supérieur.

Tendez la main franchement et elle vous sera serrée de bon cœur. Quant à un intime, il n'y a pas de règles pour le salut. C'est le cœur qui inspire la forme.

Si l'ami que vous rencontrez accompagne une femme qui n'est pas la sienne, passez sans regarder; mais s'il vous salue le premier, ôtez respectueusement votre chapeau, sans rien faire qui puisse le forcer à se rapprocher de vous, ou qui témoigne d'une curiosité indiscrète.

Si l'on rencontre une dame au bras de

quelqu'un qu'on ne connaît pas, il convient d'attendre, pour la saluer, qu'elle vous en donne la permission par un regard, par un signe quelconque.

Une femme salue par un signe de tête et par une révérence graduée selon le rang, l'âge ou la position de la personne saluée. Elle ne doit montrer de l'empressement qu'à l'égard d'un grand personnage.

Si la conversation s'engage, après le salut, avec un supérieur ou avec une dame, il faut rester le chapeau à la main, jusqu'à ce qu'on ait été invité, une fois au moins, à se couvrir.

On ne doit se permettre de serrer la main qu'à un égal ou à un inférieur. Attendez, pour prendre la main d'une dame, qu'elle vous tende la sienne la première.

Les supérieurs peuvent seuls se permettre de nommer les personnes en s'adressant à elles.

Il ne faut pas confondre la politesse avec la galanterie. Dans certains cas la galanterie peut devenir une impolitesse, et dans la manière de saluer une femme, il faut user de la plus discrète circonspection.

Saluez avec respect et sans affectation d'intimité toute femme que vous connaissez, mais nuancez votre salut selon que vous êtes reçu ou non chez elle, connu ou non de son mari. Attendez un signe qui vous autorise à reconnaître celle que vous auriez seulement rencontrée antérieurement.

Il ne faut pas déranger, pour la saluer et l'aborder, une personne engagée dans une conversation, mais attendre un moment d'intermittence.

Dans quelque lieu qu'on se trouve, c'est une inconvenance et une incivilité de ne pas se découvrir devant une dame.

Il est d'usage de saluer même les inconnus rencontrés par hasard à la campagne ou dans un lieu isolé.

Un homme bien élevé cède sa place à une dame ou à un vieillard privé de place ou mal placé. Ce devoir est moins étroit, mais il n'est que plus méritoire de se l'imposer dans les lieux où les places se paient. Dans ce cas, les personnes à qui se donne ce témoignage de déférence doivent remercier et ne pas accepter.

En serrant la main à quelqu'un, il ne faut pas la secouer.

Les dames s'embrassent; les jeunes filles présentent leur front à baiser aux dames et aux vieillards, amis ou alliés de la famille.

S'il y a des enfants dans une maison, il est admis qu'on les embrasse; mais les parents doivent veiller à ce que ce devoir puisse être rempli sans répugnance.

Une dame, à qui vous donnez le bras dans la rue, doit être placée du côté des maisons; vous devez la précéder, lui offrir la main pour franchir un ruisseau; on doit la même déférence à un vieillard.

On doit mesurer son pas sur celui de la personne avec laquelle on se promène, et, si elle est âgée, lui épargner de la fatigue sans affectation.

Dans la rue, il ne faut ni heurter ni froisser personne; il convient de se ranger pour laisser passer les gens; s'il pleut, éviter d'accrocher les parapluies.

Il est impoli d'appeler quelqu'un à voix haute dans la rue, très inconvenant d'y manger, de s'y montrer une pipe à la bouche, ce qui est de très mauvais ton. Dans certains lieux le cigare est toléré, mais non en compagnie d'une dame. On ne doit pas le garder à la bouche si on aborde une personne.

Si, en montant ou en descendant un escalier, l'on rencontre une dame, il faut se ranger près du mur, lui laisser la rampe, porter la main à son chapeau, et s'incliner légèrement sans regarder et sans sourire.

En chemin de fer, la discrétion est au moins aussi nécessaire que partout ailleurs. Sait-on à qui l'on a affaire? Encore une fois soyez poli, obligeant sans galanterie, et sans montrer un empressement de mauvais goût, et qui peut être mal jugé et mal reçu.

Quand on demande son chemin, il faut le faire avec une extrême politesse, quelle que soit la personne à qui on s'adresse, et remercier, après avoir reçu le renseignement demandé.

## VISITES.

Toute visite de cérémonie doit être très courte, d'un quart d'heure environ au plus.

Si une visite faite à un fonctionnaire, qui paraît préoccupé, semble le gêner, prenez congé immédiatement, sans montrer de contrariété. Ainsi le veut le savoir vivre.

Une invitation à dîner, à une soirée, à une bénédiction nuptiale, exige une visite.

Une visite faite aux approches du dîner doit être abrégée, en prétextant l'heure avancée qui oblige à rentrer. Retirez-vous également, nonobstant toute instance pour vous retenir, si la personne que vous visitez est prête à sortir.

On doit faire, dans la quinzaine, une visite au père et à la mère des mariés qui vous ont envoyé une lettre d'invitation à la bénédiction nuptiale de leurs enfants.

On ne doit de visite aux jeunes mariés qu'après avoir reçu la leur.

Le délai pour rendre une visite est d'un mois.

On a tout le mois de janvier pour rendre les visites du jour de l'an. C'est la veille de ce jour qu'on visite les grands parents et les supérieurs.

Les visites dites de digestion doivent être faites au plus tard dans la quinzaine qui suit le jour du dîner, à moins d'empêchement qu'on doit exposer dans une lettre d'excuse.

Aux personnes qui ont un jour, on ne peut sans impolitesse, à moins de grande intimité, faire visite qu'au jour choisi par elles.

La visite à faire, à l'occasion d'une invitation à une soirée, doit être faite dans le mois qui suit cette soirée.

Les visites se font de trois à six heures.

Il est convenable qu'une jeune demoiselle ne fasse pas de visites seule, mais bien accompagnée de sa mère ou d'une dame qui lui en tient lieu.

Quand on arrive dans une ville pour y occuper un emploi, pour y fonder une maison de commerce ou d'industrie, il est d'usage de faire ce qu'on appelle des visites générales aux personnes du monde auquel on appartient, ou avec lesquelles on peut se trouver en relation.

En arrivant à la porte des personnes qu'on désire voir, il convient de secouer la poussière de sa chaussure, ou de l'essuyer sur le paillasson, si elle est tachée de boue.

Il faut sonner ou frapper, mais très doucement et seulement assez pour être entendu. Si personne ne répond à cet appel, renouvelé deux ou trois foisà intervalle suffisant, on laisse chez le concierge une carte de visite dont on a plié un coin. La corne faite à une carte indique qu'on a fait la visite en personne.

Quand on doit voyager, il est d'usage de visiter, avant de partir, les personnes qu'on voit et qu'on reçoit habituellement. Si ces personnes ne sont pas chez elles, on laisse une carte sur laquelle sont inscrites les lettres : P. P. C. (pour prendre congé.)

Au retour du voyage, on fait les visites d'arrivée.

Il n'est pas admis qu'on énumère ses qualités sur une carte de visite. Sur les cartes de visite d'une dame, son nom doit être précédé du mot *Madame*. L'adresse d'une dame ne doit jamais être indiquée sur les cartes.

Le nom d'une demoiselle ne doit figurer sur une carte de visite qu'à la suite de celui de sa mère, ainsi qu'il suit : *Madame et Mademoiselle.....*

Dans certaines circonstances, l'envoi d'une carte tient lieu d'une visite, suivant l'avis de certaines personnes; il nous paraît qu'une visite personnelle est toujours préférable, elle témoigne de plus d'égards.

Dans toutes les visites, particulièrement dans celles de circonstance, il convient de s'identifier aux sentiments des personnes qu'on est venu voir. Il serait inconvenant de paraître gai dans une maison en deuil.

La toilette doit être en harmonie avec le but de la visite.

Les habits doivent être sombres pour une visite de deuil, aussi simples que possible dans une visite de pauvres.

Les visites de deuil doivent être faites quelques jours après l'enterrement. Dans ces visites, adressez des paroles de consolation à la famille, mais ne parlez du défunt que si on vous en parle.

Si un de vos amis est malade, allez lui faire une visite, mais ne demandez pas à être introduit auprès de lui. Attendez que la personne qui le soigne vous en témoigne le désir de sa part. Vous ferez demander de ses nouvelles, mais vous ne renouvellerez votre visite que lorsque le malade vous aura fait dire qu'il peut vous recevoir.

En arrivant à la campagne, on doit une visite aux voisins avec lesquels on désire établir ou continuer des relations.

En se présentant dans une maison, particulièrement chez un grand personnage, un homme laisse dans l'antichambre son pardessus et son parapluie. Il se fait annoncer par un domestique, entre dans le salon, son chapeau à la main, car il serait d'aussi mauvais goût d'entrer sans chapeau qu'avec son paletot. On ne laisse son chapeau dans l'antichambre que pour un bal ou une soirée.

On ne place jamais son chapeau sur un lit, et il serait de mauvais ton de s'en débarrasser, ainsi que de sa canne, avant d'être invité à le faire.

Ne vous levez pas pour prendre congé

au moment d'une conversation animée. Votre sortie ne doit pas être brusquée, mais préparée par quelques mots autant que possible.

Si, pendant que vous êtes en visite, il survient de nouveaux visiteurs, vous devez vous retirer; mais si les nouveaux venus sont de votre connaissance, ou vos parents, il convient de rester quelques instants et d'avoir soin néanmoins de sortir avant eux, pour leur laisser la faculté, s'ils le désirent, de s'entretenir en particulier avec le maître ou la maîtresse de la maison.

Il serait de la dernière incivilité de laisser seules les personnes qui vous visitent, à moins d'une nécessité pour laquelle on doit présenter des excuses.

Si une lettre est remise à la personne qui reçoit, elle ne doit l'ouvrir et en prendre rapidement connaissance qu'après avoir demandé l'autorisation de le faire, en disant : *Vous permettez ?* Ceux à qui cette demande s'adresse s'inclinent en signe d'acquiescement.

Il n'est pas toléré de conduire des enfants bruyants, ou des animaux, chez la personne qu'on visite.

Celui à qui l'on ne rend pas sa visite, sauf entre amis ou parents avec lesquels on ne compte pas, doit supposer qu'il est importun et ne doit pas en faire d'autres.

Un protecteur n'est pas rigoureusement obligé de rendre sa visite à un protégé, mais, s'il le fait, il fait preuve de délicatesse et de noblesse d'âme.

Si vous présentez quelqu'un à un maître de maison, vous devez vous avancer vers lui avec celui ou celle que vous introduisez, et dire en vous inclinant : *Veuillez me permettre de vous présen-*

*ter M...* ou *Madame* (en ajoutant les noms et titres de la personne présentée) *qui désirerait vivement faire votre connaissance.*

Si c'est un homme qui présente, il devra dire, au lieu de *Veuillez-me permettre... J'ai l'honneur de vous présenter...*

Celui qui est présenté doit, si c'est un homme, s'incliner respectueusement ; si c'est une femme, faire un salut gracieux, et l'un et l'autre répondre par quelques mots aimables à l'accueil bienveillant des maîtres de la maison.

Une dame présentée doit attendre la visite de la maîtresse de la maison où elle a été introduite avant d'y retourner. Une invitation à un dîner ou à un bal remplace la visite.

## RÉCEPTIONS.

Recevoir quelqu'un, a dit Brillat-Savarin, c'est se charger de son bonheur pendant tout le temps qu'il passera dans votre maison. En effet, il est du devoir d'un maître de maison de s'occuper de ses hôtes, de manière à ce que ses soins et son accueil, pendant le séjour, ne leur donnent que du bien-être, les sauvent de toute contrariété, et ne leur laissent, après leur départ, que de bons souvenirs et le désir de revenir. Cette observation s'applique aux réceptions de quelques minutes au salon, mais surtout aux réceptions à dîner ou en soirée, et à celles de plus longue haleine à la ville et à la campagne.

## DÎNERS. — DÉJEUNERS.

Dans les invitations à dîner, il faut s'attacher, autant que possible, à ce que vos convives se connaissent et se trouvent heureux d'être réunis.

Les invitations se font cinq ou six jours à l'avance; certains disent huit jours au moins, avant le jour fixé pour le dîner. On peut les faire par écrit, mais il est mieux de les faire en personne. L'invité est tenu de répondre immédiatement, s'il accepte ou s'il refuse. Le refus doit être accompagné de raisons plausibles. L'acceptation ne peut être révoquée sans cause grave qu'il faut se hâter de faire connaître à l'amphitryon.

Si, par un refus, il reste une place inoccupée, vous ne devez inviter qu'un intime, à moins que le refus ne vous soit parvenu le jour même de l'invitation.

Quand vous adressez une invitation à une personne qui a chez elle un parent ou un ami à demeure, vous devez comprendre dans l'invitation ce parent ou cet ami, ou ajourner votre invitation. Agir autrement, c'est offenser deux personnes à la fois.

Le menu du dîner est réglé suivant le nombre des convives; mais comme un dîner est une dépense accidentelle et rarement obligatoire, il faut faire convenablement les choses; on peut s'abstenir sans encourir le blâme, mais lésiner est ridicule.

Les invités doivent arriver à l'heure fixée; arriver trop tôt peut être un embarras pour les personnes qui reçoivent, mais les retardataires font souffrir tout le monde, invitant et invités.

Après qu'un domestique a annoncé à la maîtresse de la maison qu'elle est servie, celle-ci peut s'avancer pour prendre le bras de l'homme le plus haut placé, ou le plus âgé, pour être conduite à table; mais d'ordinaire, dans un grand dîner, c'est le maître de la maison qui prie l'invité le plus haut placé d'offrir son bras à Madame.

Un homme qui de lui-même se permettrait d'offrir son bras à la maîtresse de la maison commettrait une inconvenance.

Le maître de la maison offre à son tour son bras à la femme la plus respectable par son rang et par son âge.

C'est le bras gauche que les hommes doivent offrir aux dames. Les militaires portant l'épée à gauche offrent le bras droit.

Le maître de la maison passe le premier,

ses convives le suivent, et la maîtresse de la maison vient la dernière. C'est l'inverse au retour : la maîtresse de la maison ouvre la marche, et le maître de la maison la ferme.

Un homme ne doit offrir son bras à une dame qu'après que le maître de la maison a choisi la dame qu'il veut conduire à table.

Une dame qui refuserait le bras qui lui est offert par un monsieur, pour en choisir un autre ferait au premier une grave insulte.

Une dame conduite par le maître de la maison ne doit pas s'arrêter pour céder le pas à une autre personne; il en est de même d'un homme : il ne doit pas s'arrêter pour laisser passer quelqu'un devant lui, surtout s'il conduit une dame âgée.

Si une dame âgée se trouve en arrière, ce n'est pas le cavalier qui doit s'arrêter pour la laisser passer, c'est à la dame qu'il conduit à prendre cette initiative.

Si des cartes indiquent la place de chacun, chaque invité indique à une dame celle où son nom est inscrit. S'il n'y a pas de cartes, il faut attendre, avant d'occuper une place, qu'elle vous ait été indiquée par les maîtres de la maison. Ceux-ci s'asseoient à table toujours vis-à-vis l'un de l'autre.

On se place derrière la place désignée, et l'on attend que la maîtresse de la maison ait donné le signal de s'asseoir, en s'asseyant elle-même.

Un homme ne s'asseoit qu'après toutes les dames.

Un homme ne déploie sa serviette qu'après que les dames qui sont à ses côtés ont déployé la leur.

La serviette doit être posée sur les genoux, sans être entièrement déployée.

On ne s'asseoit ni trop près ni trop loin de la table.

Il faut s'attacher à n'être pas gênant pour les voisins, surtout pour les dames qui de leur côté doivent veiller, sous peine d'inconvenance, à ce que l'ampleur de leur robe n'empiète pas sur les chaises voisines.

Il faut, pendant tout le dîner, se tenir droit sur sa chaise sans s'appuyer au dossier, encore moins s'accouder sur la table.

Si la maîtresse de la maison est veuve, elle doit placer en face d'elle son père, son oncle, un vieux parent ou un vieil ami, jamais un jeune homme, à moins que ce ne soit son fils. Si c'est l'amphitryon qui est veuf, il place en face de lui sa mère, une vieille parente ou une vieille amie, jamais une jeune femme, ce qui serait insultant pour ses convives.

Les places d'honneur sont : pour les hommes, auprès de la maîtresse de la maison, et auprès du maître, pour les dames. La première place est à droite, et doit être offerte à la personne la plus notable ou la plus âgée; la seconde, à gauche, à celle qui vient après pour le rang ou pour l'âge.

Après ces quatre places, les meilleures sont celles qui les approchent le plus, mais préférablement les plus éloignées de la porte par laquelle se fait le service.

Une maîtresse de maison qui a du tact distribue les places suivant les positions, les sympathies mutuelles et les âges des convives, et évite les disparates et les rapprochements antipathiques.

Après que chacun a pris place, le

maître de la maison sert dans des assiettes placées en pile à sa gauche, qu'il fait circuler en commençant par sa voisine de droite, continuant par celle de gauche, servant tantôt une personne de droite, tantôt une personne de gauche jusqu'à ce que tout le monde soit servi.

Dans les grands dîners où le service est fait par des hommes, les maîtres ne servent ni les mets ni les vins. Les domestiques offrent les plats et les boissons en les nommant.

Les maîtres de maison ne doivent ni louer les mets ni s'excuser sur leur qualité, si par malheur ils sont mauvais ou médiocres. N'insistez pas pour faire accepter un mets.

Voici quelques conseils concernant la manière dont on doit manger :

On ne coupe pas son pain, on le rompt au-dessus de son assiette.

Après avoir mangé un œuf à la coque, on brise la coquille.

On dit : le bœuf et non pas le bouilli ; un poulet, un chapon, un canard et non une volaille.

Il ne faut pas dire du bordeaux, du bourgogne, du champagne, mais bien du vin de Bordeaux, du vin de Bourgogne, du vin de Champagne.

On boit son café dans sa tasse, jamais dans la soucoupe.

La maîtresse de la maison doit faire les honneurs du dessert.

Si l'on sert du vin de Champagne au premier service, il faut en offrir pendant tout le dîner.

Les maîtres de la maison doivent diriger la conversation, et en exclure tout sujet malséant, irritant ou blessant pour l'un des convives, particulièrement les discussions politiques ou religieuses.

La maîtresse de la maison doit charmer ses convives par sa bonne grâce, ses attentions, son empressement.

Il convient que, placé près d'une dame ou d'un vieillard, un cavalier leur épargne attentivement le soin de se servir, en offrant lui-même ce dont ses voisins peuvent avoir besoin.

Ne buvez pas trop fréquemment.

Acceptez l'assiette toute servie que vous envoie la maîtresse de la maison; ce serait l'offenser que de l'offrir à une autre personne.

C'est l'hôte qui doit donner le signal de faire circuler et d'offrir les plats; alors les convives peuvent en faire autant.

Les plus jeunes convives, les enfants, sont placés aux bouts de tables.

On peut faire à part une table d'enfants.

Chez soi ou ailleurs, même dans les repas sans cérémonie, on doit s'astreindre assidûment aux règles et aux usages de la civilité et de la propreté. C'est un moyen certain de ne s'en écarter en aucune circonstance, et de conserver, dans le monde, des manières aisées et exemptes de la crainte de mal faire.

Il est malséant de manger bruyamment.

Dans vos offres à une voisine, ne lui dites pas comme le ferait un domestique : *Madame, voulez-vous,* mais bien : *Madame, me permettez-vous de vous offrir telle chose?*

Il est contraire au savoir-vivre d'essuyer la sauce de son assiette, ou de toucher les os avec ses doigts. C'est à peine permis en famille.

Un déjeuner n'est pas un repas de cérémonie; aussi n'est-il pas d'usage d'y inviter, sauf accidentellement, une personne élevée en rang. Cependant, à la suite d'un mariage ou d'un baptême, il peut comporter le cérémonial d'un dîner. La maîtresse de la maison en fait les honneurs et offre le café, le thé, qui doivent toujours y figurer.

On n'offre à un déjeuner ni vin de Champagne, ni vins étrangers, qui sont au contraire les principaux éléments et le luxe d'un dîner et d'un souper.

Un souper ne comporte qu'un nombre restreint de plats, des pièces froides généralement, surtout à la sortie d'un bal ou d'une soirée. Il ne doit y figurer ni potage ni salade.

Un réveillon est un repas de famille ou d'intimes.

Les invitations à un déjeuner, à un

souper, à un réveillon, ne sont pas faites par écrit, mais bien verbalement, dans une visite et dans la semaine qui précède le repas, même seulement deux jours avant.

Les convives doivent être placés à table ni trop près ni trop loin les uns des autres.

Un maître de maison doit veiller à ce qu'on ne soit pas treize à table : c'est un préjugé sans doute, une superstition, mais il faut éviter de froisser les idées, même puériles, d'un ou de plusieurs convives.

Dans les dîners de cérémonie, les maîtres ne doivent, sous peine de manquer à leurs convives, parler à leurs domestiques sous aucun prétexte, lors même qu'ils commettraient les plus insignes maladresses.

Après avoir mangé, on pose sa fourchette et son couteau sur le porte-couteau, à moins qu'il ne soit d'usage dans la maison où l'on dîne de les faire changer à chaque plat.

Ne gesticulez pas à table, surtout ayant en main la fourchette ou le couteau.

Ne causez qu'à voix basse avec vos voisins, mais de manière à ne pas porter ombrage à quelqu'un des convives. Si vous parlez à des personnes éloignées, faites-le sans éclat de voix.

Évitez de remuer vos pieds sous la table pour ne gêner personne.

On ne prend pas le pain soi-même, on le demande à un domestique.

Un jeune homme doit se rendre utile, savoir au besoin découper et servir.

On ne trinque aujourd'hui qu'à l'occasion d'un toast porté à la santé soit d'une personne présente, qui doit remercier, soit d'une personne dont l'absence est regrettée.

La sobriété, la modération en aliments comme en boissons sont une preuve de bonne éducation, et un des principaux éléments de la santé physique et d'une bonne situation morale et intellectuelle.

Il est de fort mauvais goût de surprendre une dame par les boissons qu'on lui verse, sous prétexte de soins et d'attention.

On se sert pour couper les fruits du couteau à lame d'argent, et on les pèle de bas en haut et non en rond.

Un homme n'offre pas à sa voisine de partager un fruit avec elle.

Une dame peut, mais seulement si elle n'est pas jeune, adresser cette proposition à un de ses voisins.

Si l'on est pris à table d'un hoquet ou d'un saignement de nez, il faut reculer sa chaise sans bruit, se lever, se retirer et ne reprendre sa place que lorsque toute trace de l'accident a disparu.

Il est de très mauvais goût de flairer le vin qu'on vous a servi.

Le domestique que vous amenez pour aider au service passe sous les ordres de l'amphitryon; il ne vous est permis ni de lui rien ordonner, ni surtout de le réprimander.

Dans une conversation générale, on partage la gaîté de tous sans rire bruyamment.

Dans un grand repas, l'ignorance, de la part d'un convive, des observances exigibles à la table des riches ne doit pas être un sujet de raillerie.

Suivant Brillat-Savarin, on doit à table, à un vieillard ou à un prêtre, les mêmes égards et les mêmes soins qu'à une dame.

C'est au maître ou à la maîtresse de la maison à donner le signal de quitter la table.

Les personnes de la maison peuvent seules plier leurs serviettes.

Brillat-Savarin a protesté contre l'usage des bols pleins d'eau tiède, destinés à se rincer les doigts et la bouche.

Les personnes qui savent se tenir à table, manger et boire convenablement, n'ont besoin de se laver ni la bouche ni les doigts.

Il n'est bienséant ni de se nettoyer les dents avec un couteau, ni même de le faire avec un cure-dent. On ne procède à cette opération qu'à l'écart et solitairement.

Il serait superflu de faire observer qu'on ne doit rien emporter de ce qui a été servi à table.

Dans un dîner d'intimes, le café peut

être servi après le dessert et sur les assiettes mêmes. Dans un grand dîner, le café est servi au salon. Les dames s'asseyent, tandis que les hommes restent debout. La maîtresse de la maison verse elle-même le café. Après un déjeuner, ce soin peut être confié à un domestique.

Ce n'est qu'après un dîner d'intimes que le maître de la maison peut se permettre de quitter les dames pour aller fumer. Encore doit-il ne le faire qu'après avoir offert son bras à la dame placée à sa droite pour la conduire au salon.

La maîtresse de la maison donne un congé momentané aux hommes, pour aller fumer les cigares offerts par l'amphitryon.

On doit passer la soirée dans la maison où l'on a dîné, ou au moins les deux heures qui suivent le repas. Si un motif impérieux vous oblige à partir plus tôt, on a dû en prévenir d'avance les maîtres de la maison, et ne se retirer qu'après leur avoir témoigné le regret d'être obligé de partir si tôt.

## SOIRÉES, BALS, CONCERTS.

Les invitations aux soirées se font généralement par écrit ou par cartes imprimées où le nom seul de l'invité est mis à la main. Voici la formule ordinaire : « Monsieur et Madame... prient Monsieur... de leur faire l'honneur de venir passer la soirée chez eux, le... » On ajoute, suivant le cas : *on fera de la musique*, ou *on dansera.*

S'il s'agit d'un véritable bal, on invite pour un bal en toutes lettres et huit jours au moins d'avance, pour que les dames aient le temps de préparer leurs toilettes.

A une invitation, on doit répondre soit pour s'excuser, soit pour accepter, en témoignant du plaisir à s'y rendre.

Les dames invitées conforment leurs toilettes à ce que semble leur prescrire la nature de la soirée.

Quant aux hommes, c'est toujours pour eux une obligation de se revêtir de l'habit et du pantalon noirs, et d'y joindre leurs accessoires habituels : la cravate blanche plutôt que la noire, le gilet blanc plutôt que le noir.

Il ne faut arriver ni trop tôt, pour ne pas gêner les personnes qui reçoivent, ni trop tard, ce qui pourrait paraître avoir pour but de se faire remarquer.

En arrivant dans la maison, les invités, après avoir déposé aux mains des domestiques, savoir : les dames, leurs pelisses, châles, chapeaux; les hommes, leurs paletots, leurs manteaux, leurs cannes et leurs parapluies, ne conservant que leur chapeau et restant gantés, vont, après avoir été annoncés, droit à la maîtresse de la maison, qui, de son côté, s'avance pour recevoir leurs saluts. Elle conduit les dames vers un siége, et les hommes se mêlent aux groupes et saluent les personnes de leur connaissance.

Les dames qui vont le même soir dans plusieurs maisons ne doivent rester que peu de temps dans chacune, et réserver à la plus importante leur dernière station. La toilette doit être faite en conséquence de ces diverses *parties*.

Une maîtresse de maison qui donne un bal doit adopter une toilette fort simple.

Avant le commencement des danses,

elle doit se tenir à la porte du salon pour recevoir les invités.

Il ne faut pas toucher aux curiosités déposées sur les meubles.

Il faut se garder, dans une maison où l'on n'est pas intime, de s'allonger sur un canapé ou sur un divan, mais bien se tenir convenablement sur son siége, avec aisance et sans raideur. Il convient, surtout aux jeunes gens, de s'abstenir de croiser les jambes, et il est fâcheux que cela soit actuellement toléré.

Un homme, dans une soirée où l'on ne danse pas, ne doit pas cesser de tenir son chapeau à la main, à moins qu'il ne soit prié de chanter ou qu'il ne prenne quelque rafraîchissement.

La personne qui reçoit doit s'attacher à ne négliger aucun de ses invités et à leur procurer à tous le plus de plaisir possible, s'assurer de quelques danseurs, en cas de besoin, et d'agréables causeurs, s'il se peut.

Dans les soirées ordinaires, on n'offre habituellement que des gâteaux et du thé, quelquefois du punch pour les hommes, des sirops pour les dames, des glaces pour tous.

Dans les grandes soirées, les rafraîchissements ne sauraient être trop nombreux, trop variés, trop bien choisis.

L'on doit éviter de se précipiter sur les rafraîchissements, surtout si l'on peut craindre que ce soit au préjudice des dames. La tenue, la conduite, les allures des invités doivent être empreintes de réserve, de circonspection, de modestie, d'aménité. Ils doivent se garder de heurter les gens connus pour être de caractère difficile et irritable.

La raillerie, les airs de dédain, l'esprit de taquinerie sont soigneusement exclus des habitudes d'une personne bienveillante et polie.

Que votre joie soit modérée et sans éclat.

Dissimulez avec vigilance vos bâillements et votre ennui.

Il serait superflu de faire observer que les hommes assis doivent offrir leur siége aux dames debout.

Les dames assises auprès de la maîtresse de la maison doivent se lever et céder leur place à une dame qui arrive.

Les jeunes femmes ne doivent pas aller seules dans un bal ou dans une grande soirée. Elles ne doivent y paraître qu'accompagnées soit par leur mari, soit par leur mère ou par une personne âgée servant de chaperon.

Deux jeunes sœurs peuvent aller au bal avec le mari de l'une d'elles, mais pas seules, à moins que la réunion n'ait lieu chez des intimes et qu'elles n'arrivent avant tout le monde.

Une maîtresse de maison ne doit pas danser avant de s'être assurée qu'aucune des dames invitées ne reste sans danseur.

Un homme, à moins de motifs sérieux, ne peut refuser d'inviter une dame qui lui est désignée par la maîtresse de la maison.

Il n'est pas poli d'inviter une dame au moment où l'orchestre commence à se faire entendre.

Un danseur ne prie pas une dame de lui *faire le plaisir*, mais bien *l'honneur* de danser avec lui.

Les danseurs bien élevés n'ôtent pas leurs gants, ne se permettent pas de serrer la main à leur danseuse, de la presser contre eux à la valse ou au galop; ils ne doivent passer leur bras autour de sa taille qu'au moment où commence la valse ou la polka; ils cessent d'entourer la taille de leur danseuse sitôt qu'elle témoigne le désir d'interrompre la danse. Cette réserve est particulièrement de rigueur envers une jeune fille.

La danse terminée, le cavalier offre son bras à sa danseuse, la reconduit à sa place, et, après un profond salut, la remercie de l'honneur qu'elle a bien voulu lui faire.

Une dame, qui a refusé un danseur sous prétexte de fatigue, ne doit plus danser de la soirée.

Celle qui, par distraction, a accepté deux invitations pour la même danse, doit s'abstenir de danser avec l'un ou l'autre cavalier, et reste assise pendant toute la durée de cette danse. Il serait peu convenable que l'un ou l'autre de ces cavaliers cherchât à la faire changer de résolution.

Une dame qui refuse un cavalier commet une impertinence en dansant avec un autre.

Un danseur, dont l'invitation est refusée par une dame, ne doit pas inviter une dame voisine, à moins qu'il ne la connaisse assez pour que cette invitation, formulée avec esprit, soit agréée avec bonne humeur et volontiers.

Une jeune fille, qui ne danse pas, doit rester assise auprès de sa mère ou de la personne qui lui sert de chaperon.

Une danseuse ne doit, pendant qu'elle danse, confier son éventail, son bouquet ou son mouchoir qu'à son mari, à sa mère, à son frère ou à un proche parent.

Lorsqu'on danse mal, ou sans suivre la mesure, on ne peut, sans inconvenance, inviter que des dames de sa connaissance.

Lorsqu'on occupe la place d'une dame qui danse, on doit, sans attendre que cette place soit réclamée, se lever aussitôt que l'orchestre cesse de se faire entendre.

La première invitation d'un homme doit être adressée à la maîtresse de la maison ou à ses filles, si elles dansent. Si elles refusent sans fixer le rang qu'elles peuvent vous donner parmi leurs danseurs, on ne doit pas insister, mais bien renouveler l'invitation plusieurs fois pendant la soirée.

On doit éviter de danser trop souvent avec la même danseuse.

Il est poli, d'un bon goût et d'un bon cœur d'adresser, avec tact, des invitations aux dames qui semblent délaissées et condamnées à faire tapisserie.

Une demoiselle ne doit pas paraître causer intimement avec son danseur, et celui-ci serait incivil et blâmable de rechercher un entretien de cette nature.

Une dame ne doit pas témoigner de préférence entre ceux qui l'invitent. Elle doit se montrer également reconnaissante et gracieuse envers tous.

Les jeunes gens qui affectent de ne pas danser sont des sots ou des impertinents, fort souvent l'un et l'autre.

Une jeune femme peut se présenter, mais non prendre place dans les salons où l'on joue.

Un homme ne peut se permettre d'offrir son bras à une jeune fille pour la conduire soit au buffet, soit à travers les salons. Il ne peut offrir son bras à une jeune femme que si elle est de sa connaissance, et s'il est reçu chez elle.

On n'ôte pas ses gants pour prendre les rafraîchissements qu'on fait circuler, mais seulement pour manger soit au buffet, soit au souper.

Un domestique doit être préposé au service du buffet.

Dans un concert, si l'on est prié d'accompagner le chant, on doit le faire simplement, sans chercher à faire briller son talent, surtout au préjudice du chanteur ou de la chanteuse.

Vous ne pouvez refuser sans impolitesse de figurer comme acteur dans un concert, si l'on vous reconnaît assez de talent pour chanter ou pour jouer d'un instrument. Si l'on est décidé d'avance à refuser, il faut rester chez soi. Cependant on ne doit chanter qu'après avoir consulté des personnes expertes en fait de chant, d'abord de peur de donner de l'ennui au lieu de procurer du plaisir, et aussi pour n'être pas ridicule, en acceptant un rôle qu'on est inhabile à remplir convenablement. Si l'on se décide à chanter, il faut le faire sans affectation, avec simplicité et avec aisance.

On ne doit pas se poser, pour tourner les feuillets de la musique, derrière une personne qui chante en s'accompagnant, à moins que cette personne ne vous en ait prié.

Les artistes, même payés, seront reçus par les maîtres de la maison bien élevés avec la même grâce que les invités ordinaires.

C'est offenser une maîtresse de maison que de battre la mesure ou de fredonner les airs qu'on chante.

## JEU.

Dans toutes les soirées, on doit organiser des tables de jeu, particulièrement pour les personnes âgées.

Le jeu ne doit être qu'un amusement, et non un but et un moyen de gain.

On ne peut prendre place à une table de jeu que sur l'invitation qui en est faite par le maître ou la maîtresse de la maison.

Les dames choisissent leurs places. Les hommes ne peuvent se permettre cette liberté, et ils ne doivent s'asseoir que lorsque les dames qui doivent jouer avec eux sont assises.

La personne qui distribue des cartes pour la première fois doit faire un léger salut qui lui est rendu par tous les joueurs.

La dame la plus âgée choisit les cartes.

Un homme ne doit pas élever de discussions avec une dame sur les règles du jeu.

C'est une grossièreté que de chercher à cacher son jeu aux personnes qui entourent la table.

Une personne qui joue ne doit pas causer avec celles qui regardent jouer.

Une jeune femme ne doit s'asseoir à une table de jeu que pour être agréable à la maîtresse de la maison.

Une dame, même âgée, ne doit pas y rester toute une soirée, si elle voit que la place peut être agréable à une autre personne.

Une jeune fille ne doit pas entrer dans un salon où l'on joue.

Les maîtres de la maison, ou, à leur

défaut, la femme la plus âgée, fixent le tarif du jeu, et ce serait les insulter que de l'augmenter.

Un bon joueur n'est ni boudeur, ni querelleur, ni bien entendu de mauvaise foi.

Un joueur qui gagne ne peut quitter la table que dans le cas où ce gain répare une perte faite dans la même soirée. Il ne peut refuser une revanche au joueur malheureux qui la lui demande.

Une dette de jeu doit être payée dans les vingt-quatre heures, et avant toute réclamation.

Les dames qui gagnent doivent être payées avant les hommes.

Les personnes formant la galerie, même celles qui parient, ne peuvent donner de conseils que si on les leur demande.

C'est insulter un joueur que de battre les cartes qu'il a déjà battues.

L'enjeu doit être réclamé poliment et froidement de celui qui a omis de mettre au jeu.

Ce n'est que dans les salons arriérés, pour ne pas dire plus, qu'on fait déposer sous le chandelier une rétribution destinée à payer les cartes.

Il est reçu qu'on peut refuser de jouer en alléguant son ignorance ou en disant qu'on ne joue jamais; mais si la maîtresse de la maison vous prie de faire sa partie, vous ne pouvez refuser que si vous ne savez pas manier les cartes.

Les joueurs se succèdent à la table d'écarté sans que la maîtresse de la maison ait à s'en occuper. On donne à couper les cartes à la personne que l'on a à sa gauche.

Un joueur malheureux qui cause avec son adversaire, après la partie, ne doit plus lui parler de son bonheur au jeu, à moins que ce ne soit avec gaieté et sans acrimonie.

On ne doit pas ramasser son gain avec un empressement qui dénote de l'avidité.

Il convient à toute personne d'avoir quelques notions des jeux, pour pouvoir se rendre utile à l'occasion, et accepter d'être partenaire en cas de nécessité.

On peut jouer en famille avec des cartes qui ont déjà servi; dans le monde, les cartes neuves sont de rigueur.

Il n'appartient qu'à un jeune homme mal élevé de rester constamment à une table de jeu quand les dames ont besoin d'un danseur dans le salon voisin.

## JEUX DE SOCIÉTÉ.

Les petits jeux de société sont à peu près tombés en désuétude, mais ils peuvent encore être pratiqués dans les soirées où l'on ne danse pas.

C'est à la maîtresse de la maison qu'il appartient d'en indiquer le genre et d'en diriger l'exécution; mais elle peut déléguer ce soin à l'obligeance de l'un des invités.

On doit apporter beaucoup de réserve, de circonspection et de délicatesse dans la pratique de ces jeux, dont quelques-uns exigent de la mémoire, de l'esprit, de la finesse.

Il faut les varier pour en maintenir l'intérêt.

Les charades jouées avec esprit, avec

entrain, avec originalité, mais surtout avec bienséance, offrent une charmante distraction.

Lorsqu'on est prié, on ne peut, sous peine de ridicule, refuser de concourir à l'exécution d'une charade.

Un homme de bon ton ne sollicite pas un rôle-charge, et il n'en accepte un que pour obliger la maîtresse de la maison.

C'est un travers et un manque de savoir-vivre que de vouloir dominer et imposer son avis, de profiter de la liberté des petits jeux, pour lancer des traits railleurs, des paroles désobligeantes, pour imposer des pénitences inconvenantes, pour se permettre vis-à-vis des demoiselles des compliments déplacés, des familiarités malséantes, comme de prendre un bouquet, un ruban.

## JEUX ET EXERCICES DU CORPS.

Les jeux et les exercices du corps, le jardinage, ne doivent pas être exclus des habitudes des gens du monde : ils sont non seulement un délassement pour l'esprit, mais surtout un élément de force et de santé pour le corps.

Il convient qu'un jeune homme sache manier les armes de toute espèce, le fleuret et l'épée comme les armes à feu.

Il est certainement utile à tous, aux femmes comme aux hommes, de savoir monter à cheval. L'équitation est un noble exercice qui développe l'activité du corps et la virilité du caractère.

Les exercices du corps sont le complément de ceux de l'esprit ; les uns et les autres se prêtent un mutuel appui.

## BILLETS DE LOTERIE.

Une dame qui a des billets de loterie à placer ne doit pas les offrir à ses invités pendant une soirée ou un bal. Cette offre est faite aux messieurs qui viennent lui rendre visite.

Une jeune fille ne doit jamais offrir à un homme des billets de loterie.

Les maîtres de maison ne doivent jamais gagner à une loterie qui se tire chez eux. S'il sort un numéro des billets qui leur restent, l'objet qui leur échoit doit être immédiatement remis en loterie; mais si un invité gagne un lot, il doit en faire hommage soit à la fille, soit à l'une des amies de la maîtresse de la maison.

## THÉATRE. — LIEUX PUBLICS.

Pour aller occuper, dans un théâtre, la place dont on a payé le prix, il faut, en maintenant son droit, s'attacher à déranger le moins possible les assistants. Là, comme ailleurs, les cavaliers doivent s'appliquer à affranchir les dames de tout embarras, de toute sollicitude pour le paiement des places et le placement des objets de toilette, manteaux, châles, etc., qu'elles ne doivent pas garder dans les loges.

Les dames doivent toujours être placées sur le devant de la loge, et un homme bien élevé ne se placera jamais devant une dame, même étrangère.

Les dames qui doivent toujours être soigneusement gantées n'applaudissent pas, les hommes se chargent de ce soin.

Les rustres sifflent et applaudissent en frappant des pieds.

On ne cause pas pendant que les acteurs sont en scène. On peut seulement se permettre, sans élever la voix, une observation sur l'ouvrage et sur le jeu des acteurs.

On peut se servir de sa lorgnette, mais le moins possible, pour examiner la salle et les spectateurs. Il est mieux de ne la diriger que sur la scène.

Les hommes doivent se montrer attentifs à rendre des soins aux dames, à leur procurer le programme, à leur offrir des rafraîchissements, des bonbons, des oranges, à leur faire retrouver, à la fin du spectacle, les vêtements qui doivent les préserver du froid à la sortie, et à leur assurer une voiture.

Une dame ne doit ni rire bruyamment, ni pleurnicher à tout propos : une larme furtive est permise, une émotion silencieuse n'est pas déplacée, mais cette émotion ne doit pas être un objet de raillerie pour les spectateurs moins impressionnables.

Ce n'est qu'à Paris qu'il est toléré qu'une dame paraisse dans *un café*, mais à la condition qu'elle y soit accompagnée, et que la station soit rigoureusement restreinte au temps nécessaire pour se rafraîchir.

L'habitude du café est, au surplus, même pour les hommes, une déplorable habitude et un obstacle à l'emploi judicieux du temps. C'est, comme la vie de club, une des plaies de notre époque, l'une des principales causes de la dissolution, de la désaggrégation des familles.

Dans une *bibliothèque publique*, la première loi est le silence. On ne doit y parler, en cas de besoin, qu'à voix basse, se conduire de manière à éviter tout bruit dans un lieu consacré à l'étude, à la lecture, au recueillement, aux recherches savantes et littéraires.

Dans un *musée*, l'obligation de parler bas est moins rigoureuse, et néanmoins on doit s'abtenir d'exprimer son opinion, surtout une observation critique, à des personnes qu'on ne connaît pas, et qui pourraient mal recevoir vos communications, et même vous prouver que vous manquez de connaissance et de goût. En somme, là comme partout, la réserve, la modestie, la circonspection doivent être la règle de conduite d'une personne bien élevée.

## CAUSERIES. — TÊTE-A-TÊTE.

Les causeries tête-à-tête sont, plus que les conversations générales, la pierre de touche de l'esprit, du bon goût, de la bonne éducation.

En causant avec un homme, il convient d'adopter le sujet de conversation qui doit lui plaire le plus, et s'attacher moins à briller soi-même qu'à placer son interlocuteur sur un terrain qui lui permette de déployer toute la grâce de son esprit, toute la richesse de son imagination, toutes les ressources de son érudition. La contradiction n'est permise qu'à la condition de finir par céder, comme convaincu par les arguments, la rhétorique ou l'éloquence de l'interlocuteur. Le succès d'une causerie entre deux hommes dépend beaucoup d'une certaine dose d'esprit dans les deux causeurs, surtout si cet esprit est de nature différente dans chacun d'eux.

C'est à ces conditions qu'une personne, même timide, brille dans le tête à tête, tandis que, dans une conversation générale, elle ne peut placer un mot ou bien ne le placer que maladroitement. La timidité est le fléau de beaucoup d'hommes de mérite qui, faute d'oser se produire ou faire montre de leur savoir et de leurs aptitudes, ont manqué leur carrière et ont dû céder le pas à des gens bien inférieurs en toutes choses, mais habiles à tirer parti de leurs moindres avantages, de la moindre parcelle d'esprit et de science.

Cette infirmité, car c'en est une véritable, n'est pas facile à vaincre; mais on l'atténue en luttant contre elle, en ne fuyant pas, même en recherchant, si c'est nécessaire, les occasions de se produire et de se faire valoir. Par cette lutte, qui exige du courage, de la résolution, de la pertinacité, on parvient à acquérir une honnête assurance, aussi éloignée d'une impudente présomption que d'une timidité puérile, timidité ridicule dans un homme qui sent sa valeur, et qui doit avoir à cœur de ne pas s'effacer devant l'ignorance, l'imbécillité ou la suffisance.

Les causeries tête à tête avec une dame, une maîtresse de maison, doivent rouler sur des sujets moins graves que ceux qui sont l'objet des entretiens des hommes. Cependant ils peuvent être très sérieux, et il appartient à l'interlocuteur de juger, par le caractère et les habitudes de la personne avec laquelle il cause, quels sont les sujets de conversation qui peuvent être le plus agréables.

C'est à lui que revient le soin de les traiter, de manière à conquérir et à conserver une place honorable dans l'estime et la considération de cette personne.

## RENDEZ-VOUS.

L'usage permet d'arriver à un rendez-vous un peu après l'heure convenue ; mais quelle que soit cette tolérance, il est toujours mieux de n'en profiter que le moins possible, et seulement lorsqu'on a une excuse à présenter pour expliquer le retard.

Dans un rendez-vous avec une dame, on doit arriver rigoureusement avant le moment fixé. — Il serait de la dernière inconvenance de la faire attendre.

## VOYAGES. — BAINS DE MER. — STATIONS D'EAUX MINÉRALES.

Dans les visites qu'on doit faire à ses amis, en partant pour un voyage, ou pour se rendre aux eaux, aux bains de mer, on leur demande leurs commissions. De la part de ceux-ci, ces commissions ne doivent pas être gênantes : elles ne sauraient consister tout au plus que dans la remise d'une lettre. Charger les voyageurs de paquets lourds ou embarrassants, est une grosse inconvenance et une grave indiscrétion.

Pendant ces voyages, les hommes bien élevés doivent non seulement offrir ou céder aux dames les meilleures places, mais encore ne pas manquer de leur présenter la main à la descente du bateau, de la voiture ou du wagon, ou pour y remonter.

En voiture, l'obligation de causer n'est pas rigoureuse. On peut s'abstenir de parler. Le principal ou plutôt le seul devoir des voyageurs est de ne pas gêner les voisins.

Quoique les règles d'une table d'hôte dispensent généralement de toute politesse, un commensal bien élevé est facilement distingué, par ses allures, des hôtes que leur éducation ou plutôt l'absence d'éducation laisse étrangers aux usages de la bonne compagnie, et, même à une table d'hôte, il ne se croit pas dispensé d'égards et de politesse, particulièrement envers les dames et les vieillards.

On ne peut fumer dans une voiture où se trouvent des dames qu'après en avoir demandé et obtenu l'autorisation, même des hommes que l'odeur du tabac pourrait incommoder. En tout cas et dans le doute, il est mieux de s'abstenir, même en supposant une autorisation qu'un homme quelquefois n'ose pas refuser de peur de se singulariser. Dans le doute, dit Zoroastre, abstiens-toi. Il est certainement toujours plus poli, plus civil, mieux à tous les points de vue, de se priver à tout hasard d'un petit plaisir que de courir le risque de faire subir à ses voisins une incommodité insupportable, ou seulement gênante et désagréable.

Les stations aux villes d'eaux ou aux bains de mer présentent aux jeunes dames des dangers de plus d'un genre. La liberté d'allures et de relations, que permet la vie de ces lieux consacrés à la dissipation plus qu'aux soins de la santé, est un écueil perpétuel, contre lequel vient trop souvent échouer la réputation des personnes frivoles ou ardentes au plaisir. Je dis la réputation seulement, car, dans bien des circonstances, des torts plus réels, des chutes retentissantes, ne laissent aux imprudentes qu'une existence troublée par le scandale, assombrie par les remords. Il est si difficile aux jeunes femmes, dans des villes où les réunions nombreuses, les jeux, les spectacles, sèment des piéges *perpétuels* sous leurs pas, de s'isoler au milieu de cette foule mêlée, de rester inaccessibles aux séductions de cette vie enivrante, et de s'arrêter sur cette pente dont le dernier degré est un abîme, où s'engloutissent trop souvent la fortune et l'honneur des familles.

Concluons donc qu'une femme, à qui sa santé rend l'usage des eaux nécessaire, doit être très circonspecte dans le choix des stations, et préférer, s'il en existe, celles où l'on peut donner des soins aux infirmités physiques, sans risquer d'y contracter des maladies morales.

Des visites sont également dues, au retour des voyages, aux amis et parents, à qui on s'empresse de rendre compte des commissions dont on s'est chargé pour eux, et qui, de leur côté, feront une visite de remercîment.

## HOSPITALITÉ A LA CAMPAGNE.

Lorsque des hôtes sont annoncés à un châtelain, le premier devoir de celui-ci est de faire préparer avec soin les chambres qu'il leur destine. Cela fait, on va attendre, ou l'on envoie quelqu'un pour attendre les voyageurs et faire transporter leurs bagages par un domestique. Après les embrassements et les assurances de bienvenue, on s'empresse de les conduire dans les appartements disposés pour eux, et l'indroduction se termine par ces mots : *Vous êtes chez vous*, ou par tout autre témoignage de gracieuse hospitalité.

Les hôtes une fois installés, le châtelain leur doit des soins assidus pour les bien convaincre du bonheur qu'il éprouve de les posséder. Il s'empresse de mettre à leur disposition tous les éléments de distraction et de plaisir qu'offre sa maison, leur fait visiter tout ce que son habitation et ses environs offrent d'intéressant. Il organise des parties de chasse et de pêche en leur honneur, les met, par des dîners, en relations avec des personne de leur connaissance ou avec des voisins aimables.

Les devoirs de l'hospitalité sont gênants,

onéreux, dispendieux, mais on doit les remplir dans toute leur étendue, sous peine de passer pour n'avoir ni bonté, ni délicatesse, ni savoir-vivre.

Aussi, sachant quelle charge est l'hospitalité à la campagne pour un maître de maison, ne doit-on accepter son invitation qu'à bon escient, avec la certitude qu'on sera reçu de bon cœur, et que l'embarras qu'on causera sera largement compensé dans l'estime du châtelain par le plaisir évident et indubitable qu'il éprouvera à vous recevoir.

On ne fait convenablement les honneurs de chez soi, une maîtresse de maison surtout, qu'en montrant beaucoup d'aménité, de gaîté, d'égalité d'humeur, et par des manières qui soient un constant témoignage du plaisir qu'on a de recevoir; mais aussi, et c'est là une des conditions des charmes du séjour à la campagne, en laissant à ses hôtes une entière liberté.

Les visiteurs doivent, de leur côté, se montrer reconnaissants du bon accueil qui leur est fait, et le témoigner par leur amabilité, leur enjouement et de bons procédés de toute sorte. De retour chez eux, ils ne doivent pas tarder à donner de leurs nouvelles aux personnes dont ils ont reçu une gracieuse et cordiale hospitalité.

### ÉGLISES. — TEMPLES.

S'il est un lieu public où l'on doive plus paticulièrement observer les bienséances, c'est une église ou tout autre temple consacré à un culte.

Les catholiques pieux et bien élevés ne se présentent jamais dans une église en tenue négligée. S'ils ne sont pas seuls, après avoir pris de l'eau bénite avec leur main dégantée, ils en offrent aux personnes avec lesquelles ils se trouvent, et, assis ou à genoux, suivant les phases des cérémonies, leur maintien sérieux, modeste, réservé, dénote des sentiments chrétiens.

Si l'on est entré dans l'église par curiosité seulement, pour en visiter l'intérieur et les objets d'art que le monument renferme, il convient de marcher et d'y parler de manière à n'être pas remarqué et à ne distraire de leurs méditations ou de leurs prières ni les ministres officiants, ni les fidèles assistants.

## BAPTÊME.

Voici ce qui s'observe à l'occasion d'un baptême, l'acte le plus essentiel de la vie d'un chrétien. Il serait superflu de faire observer que, pour être parrain ou marraine, il faut professer la religion qui sera celle de l'enfant.

La personne à qui l'on propose d'être parrain ou marraine, et qui désire s'abstenir, ce qui est fort permis, parce que, il faut en convenir, les fonctions de parrain sont une corvée et un impôt, doit s'excuser sur-le-champ, en termes obigeants et polis; mais c'est manquer de charité et d'éducation que de refuser d'être parrain ou marraine d'un enfant de parents pauvres.

Les demandes, au surplus, doivent être

faites plusieurs mois avant la naissance de l'enfant, d'abord à la marraine, à qui on laisse ainsi la faculté de désigner elle-même son compère.

Cependant, pour un premier enfant, c'est habituellement la mère de la femme et le père du mari qui sont parrain et marraine.

Pour un second enfant, ce droit revient au père de la jeune femme et à la mère du mari.

Le père et la mère d'un enfant ne peuvent en être ni le parrain ni la marraine.

L'acceptation, par une veuve, d'être marraine avec un homme qui la recherche en mariage, est une espèce d'adhésion à sa demande.

Le père de l'enfant doit envoyer à l'ecclésiastique qui a baptisé une boîte de dragées, renfermant une pièce d'or ou d'argent, suivant sa fortune. C'est au père aussi qu'il appartient de dònner des bonbons à la sage-femme, à la nourrice, aux domestiques; mais il n'est pas nécessaire que ces dragées, auxquelles on ajoute de l'argent, soient renfermées dans des boîtes.

C'est encore le père qui paie les frais des voitures employées pour le baptême, et qui servent pour aller prendre le parrain et la marraine, et pour transporter l'enfant tenu par la sage-femme ou par la nourrice.

Il est bien entendu que les cadeaux et les dépenses d'un baptême varient suivant la fortune ou la position de ceux qui donnent ou qui reçoivent.

La marraine donne la robe et le bonnet de baptême, ou, mieux encore, si elle le peut, une timbale, un petit couvert et une petite cuiller à bouillie.

Le parrain et la marraine font un cadeau à la mère de l'enfant. Si c'est une femme riche, c'est un bijou, ou bien, suivant la position, une robe, un châle, une pièce d'argenterie. Si la mère est pauvre, il est fait un don de provisions : de café, de chocolat, de sucre, de vin, en un mot de choses utiles.

Les cadeaux à offrir par le parrain à la marraine varient à l'infini, suivant les pays et suivant la position respective de chacun. Ce sont tout au moins plusieurs boîtes de bonbons, accompagnant ordinairement un souvenir de bon goût, une boîte de gants et un bouquet. Toutefois une marraine peut refuser tout cadeau, à l'exception des dragées et du bouquet, car c'est une espèce d'engagement que d'accepter autre chose.

C'est le père de l'enfant qui achète les

dragées que la mère distribue à ses amis.

Il ne convient pas d'inviter un jeune homme et une jeune fille à être ensemble parrain et marraine de son enfant.

Il n'appartient qu'aux princes de donner à leurs enfants une longue série de prénoms.

Un ou deux, trois au plus suffisent, et il est d'affection et de convenance, non pas seulement de comprendre parmi ces noms celui du parrain ou de la marraine, mais encore d'appeler l'enfant du nom de l'un d'eux.

Les cérémonies du baptême sont gratuites ; mais il est d'usage que le parrain fasse un don d'argent au sacristain et à l'enfant de chœur.

Au retour de l'église, dans la maison de l'accouchée, le repas de baptême est servi aux invités.

## MARIAGE.

Le mariage, qui est l'engagement le plus important de la vie, est par cela même environné de formalités légales nombreuses, ayant pour objet d'assurer la position et les intérêts de la famille, et de cérémonies religieuses qui en consacrent la sainteté et l'irrévocabilité.

Le mariage est consacré à la mairie par l'autorité civile, et à l'église par l'autorité ecclésiastique. L'une et l'autre formalité sont précédées de publications ayant pour but de prévenir des erreurs quelquefois déplorables, et de mettre chacun à même de faire connaître les empêchements civils ou religieux qui peuvent faire obstacle à l'union projetée.

La rédaction et la lecture, par le

notaire, du contrat de mariage accepté et signé par toutes les parties intéressées, précède la célébration. C'est après cette signature que la fiancée reçoit ce que l'on appelle la corbeille, et le fiancé l'épingle, symbole d'attachement. Les frais d'actes et de célébration sont à la charge du futur.

Les gants du fiancé sont couleur beurre frais, ceux de la future blancs.

Les places dans les voitures sont réglées ainsi qu'il suit :

La mère de la fiancée s'assied d'abord auprès d'elle dans la première voiture, où prennent place les autres parents de la future et le futur. Les parents du futur occupent une deuxième voiture.

Les invités à la bénédiction nuptiale, qui ont du savoir-vivre, arrivent à l'église avant les mariés. Ils ne doivent partir qu'après avoir félicité les mariés à la sacristie.

Le père de la mariée lui donne le bras jusqu'à la sacristie, et puis jusqu'à l'autel.

Le mari reçoit l'anneau béni par le prêtre de la main droite nue, et le place au doigt annulaire gauche de la mariée.

A la fin de la cérémonie religieuse, c'est le père du mari qui donne le bras à la nouvelle épouse, pour se rendre à la sacristie et pour sortir de l'église. Le marié vient ensuite donnant le bras à la mère de la mariée, et puis le père de la mariée donnant le bras à la mère du marié.

Ce n'est qu'à l'occasion d'une messe de mariage qu'on peut donner le bras à une dame dans une église.

Il est de mauvais goût de rire et de causer pendant une messe de mariage.

C'est une offense à Dieu d'abord, au prêtre officiant, et à la famille qui vous a convié à la célébration nuptiale.

Une invitation à la bénédiction nuptiale n'implique pas celle de prendre part au dîner de noce. Aussi les assistants à la cérémonie religieuse ne doivent pas, quand elle est terminée, accompagner les mariés chez eux, à moins qu'ils n'en aient été priés par les père et mère de la mariée.

Les lettres de faire part sont envoyées quelques jours après le mariage.

Les conviés à une messe de mariage doivent, dans la quinzaine qui suit la cérémonie, faire une visite de félicitation à la famille qui leur a adressé l'invitation. Quand on n'est pas en relations suivies, on peut envoyer des cartes.

Si par une raison quelconque, on ne

peut assister à la cérémonie à laquelle on a été convié, on envoie une lettre d'excuse à la famille qui vous a envoyé l'invitation. On envoie seulement des cartes si l'on veut rester étranger à cette famille.

Les jeunes personnes qui quêtent pendant une messe de mariage doivent porter des robes de couleur claire. Une robe blanche ne peut être portée que par une très jeune quêteuse.

Dans le mois du mariage, les nouveaux poux font des visites aux amis des deux familles que le mariage a mis en rapport.

Ces visites doivent être rendues, mais elles peuvent être ajournées jusqu'à l'expir ation de la lune de miel.

## CÉRÉMONIES FUNÈBRES.

Le décès d'un membre d'une famille est annoncé par les plus proches parents aux amis du défunt, avec prière d'assister à son service et à son enterrement. Un empêchement grave peut seul dispenser de se rendre à la cérémonie funèbre

Il faut, pour suivre un convoi, éviter les vêtements clairs, marcher tête nue, silencieusement, ou n'échanger avec les voisins que quelques mots à voix basse et sur des sujets graves. Sans faire montre d'une douleur larmoyante, ce qui est affecté et ridicule, on doit se conduire sans distraction offensante, avec gravité, avec piété, avec respect.

Le mari, la femme, le père, la mère du

décédé peuvent ne pas assister à son enterrement. Un fils conduit le convoi de son père.

Les proches parents suivent immédiatement le cercueil, et les amis viennent ensuite.

Les invités à un enterrement ne doivent se présenter que lorsque le mort est exposé. Leurs vêtements doivent être, sinon noirs, au moins de couleur sombre; leurs gants doivent être noirs. Ils sont admis dans le salon préparé à l'avance pour la réception, et dont les honneurs sont faits par un membre de la famille du défunt. Les dames de cette famille se trouvent dans une chambre dont tous les étrangers sont exclus.

En passant devant les invités, les parents échangent avec eux un salut silencieux.

Dans l'église, les hommes se placent à la droite du corps, les dames à gauche.

Les dames convoquées à un enterrement ne doivent pas, à l'exception des intimes, paraître à la maison mortuaire, mais bien se rendre directement à l'église. Leurs vêtements doivent être de deuil, ou tout au moins de couleur sombre. Elles ne suivent pas habituellement le convoi jusqu'au cimetière; mais si elles le font, elles doivent être en grand deuil et se placer à la suite des hommes.

Ces divers usages varient suivant les lieux.

A la sortie de l'église ou du cimetière, on doit aux parents un salut de sympathie, un serrement de main.

Dans la rencontre d'un convoi funèbre, la plus vulgaire civilité prescrit de se découvrir respectueusement. En passant près d'un cercueil exposé, un vrai chrétien s'en approche avec respect, la tête découverte, et fait une aspersion d'eau bénite.

La réception de la lettre de faire part du décès d'un ami oblige à répondre, par une lettre de condoléance, aux plus proches parents, si l'on n'est pas sur les lieux. Si le décédé est une simple connaissance, il suffit de répondre par l'envoi d'une carte.

### DEUIL.

Les habits de deuil sont d'obligation rigoureuse, lorsqu'on perd un parent, surtout un proche parent.

Il y a trois classes de deuil : le *grand deuil*, le *deuil ordinaire*, le *demi-deuil*.

Le grand deuil, pour les dames, se porte en laine; le deuil ordinaire en soie; le demi-deuil en étoffes de couleurs mélangées, grises-violettes.

Le deuil le plus sévère est celui d'une veuve. Il se porte deux ans suivant les uns, un an et six semaines suivant d'autres avis, moitié en grand deuil, moitié en deuil ordinaire.

Le deuil d'un homme pour sa femme, son père, sa mère, est d'un an.

Pour un aïeul et une aïeule, le deuil est de six mois, ou de quatre mois et demi; pour un frère ou une sœur de deux ou de quatre mois, dont moitié en grand deuil; pour un oncle ou une tante, trois mois ou même moins de deuil ordinaire; pour un cousin, quinze jours.

Il n'est pas permis d'aller dans le monde ni de recevoir pendant un grand deuil. On commence ses visites en prenant le deuil ordinaire.

Une veuve ne peut faire de visites de cérémonie qu'après le service du bout de l'an de son mari défunt; mais si elle s'est remariée avant la fin de son année de grand deuil, elle peut, si elle reprend le deuil, le porter moins rigoureusement que si elle était restée veuve, et les visites lui sont permises.

Un grand deuil ne comporte, ne permet aucun bijou, même en jais.

Une femme qui s'est remariée ne doit faire aucune invitation pour le service du bout de l'an de son premier mari.

On ne doit recevoir de visites que des amies intimes pendant les six premières semaines d'un grand deuil.

Pendant le grand deuil, on ne peut

aller ni au spectacle, ni à un concert, ni à un grand dîner.

Un mari et une femme, même separés judiciairement, sont assujettis, en cas de mort de l'un ou de l'autre, aux mêmes règles, au même deuil que s'ils vivaient ensemble au moment de ce décès.

Il faut laisser s'écouler une huitaine entre le jour de la mort et celui où l'on prend régulièrement le deuil, sous peine de faire voir qu'on l'avait préparé d'avance.

Il serait de la plus haute inconvenance d'aller acheter soi-même ses vêtements de deuil.

On ne doit pas travailler aux robes de deuil que l'on doit porter, à moins de nécessité résultant de la position de fortune.

Le papier et les enveloppes bordés de noir ne sont pas de rigueur, même en grand deuil; mais les lettres doivent être scellées avec de la cire noire ou blanche. Tout autre couleur est interdite.

On ne souhaite pas sa fête à une personne qui est en grand deuil.

Quand on est en grand deuil, on ne doit pas faire de visites de condoléance; on ne doit assiter à aucun enterrement ou service funèbre, à moins que ce service n'ait lieu pour la personne dont on porte le deuil.

### MONUMENTS FUNÈBRES.

Les orateurs et les auteurs qui s'élèvent avec raison contre les progrès du luxe ont généralement oublié d'étendre leurs critiques, leur réprobation, à la richesse des monuments funèbres. Rien de plus juste, de plus honorable que de rendre de pieux hommages à la mémoire des morts, de ceux surtout que leurs vertus ou leur mérite ont recommandés à la vénération et à la reconnaissance de leurs concitoyens ou de leurs parents ; mais trop souvent le culte rendu à leur souvenir se manifeste moins par les larmes et par la douleur que par l'érection de tombeaux fastueux, qui sont un hommage rendu aux morts, mais surtout des monuments de leur orgueil ou de celui de leurs héritiers.

Quant aux inscriptions sentimentales niaises, souvent burlesques et ridicules, dont certains tombeaux sont ornés, elles ne peuvent provenir que d'une source de bas étage et de personnes sans goût et sans éducation. En cela comme en toute chose, plus qu'en tout autre chose, il faut éviter l'emphase, la prétention et la vulgarité.

FIN

# TABLE DES MATIÈRES

FIN DE LA TABLE

www.ingramcontent.com/pod-product-compliance
Ingram Content Group UK Ltd.
Pitfield, Milton Keynes, MK11 3LW, UK
UKHW022029170726
13837UKWH00001B/484

9 782329 172699